U0934898

西梅朵合塘

第32届青春诗会诗丛

《诗刊》社 / 编

QING CHUN SHI HUI

王琰 著

中国青年出版社

图书在版编目（CIP）数据

西梅朵合塘 / 王琰著. --北京：中国青年出版社，
2016.7（第32届青春诗会诗丛）
ISBN 978-7-5153-4383-9
Ⅰ. ①西… Ⅱ. ①王… Ⅲ. ①诗集-中国-当代
Ⅳ. ①I227
中国版本图书馆CIP数据核字（2016）第172636号

责任编辑：彭明榜
书籍设计：孙 初 刘 琉

中国青年出版社 出版 发行
社址：北京东四12条21号
邮政编码：100708
网址：www.cyp.com.cn
编辑部电话：（010）57350506
门市部电话：（010）57350370
北京通州皇家印刷厂 新华书店经销

880mm×1270mm 1/32 5印张 70千字
2016年7月北京第1版 2016年7月北京第1次印刷
定价：25.00元

本书如有印装质量问题，请凭购书发票与质检部联系调换
联系电话：（010）57350377

有诗为证

第32届青春诗会诗丛序

一

青年是一个民族的未来，诗歌是一个民族的灵魂，诗坛需要新鲜的血液，汉语需要继承、需要发扬光大，所以，《诗刊》自1980年始，年复一年地组织“青春诗会”。因为竞争激烈，条件苛刻，因为从“青春诗会”走出的青年诗人，大多在诗歌界产生了较大的影响，大多数会成为汉语新诗的希望之光，所以“青春诗会”被诗坛瞩目、翘首。因为青年诗人需要扶持，新诗需要推广，因为绚丽的青春需要保留一些证据，所以，我们从第29届“青春诗会”开始，为每一个青春诗会的学员，出一本诗集。

二

2016年6月24日，我们从近千份的来稿里，评选第32

届“青春诗会”的学员。三轮评选中，评委们唇枪舌剑，面红耳赤，但最终必须以文本服人：我说好，好在哪里，我指给你看——有诗为证……后来经过民主投票，选出了这15位青年诗人：沈鱼（沈俊美）、臧海英、小葱（郭靖）、林火火（钱云玲）、张远伦、林子懿、方石英、祝立根、辰水（李洪振）、严彬、陆辉艳、王琰、左右、肖寒（肖含）、曹立光。

15位青年诗人来自14个省份，他们最大的40岁，最小的25岁。他们，有的在诗坛上已经崭露头角，有的，根本就是默默无名。但我们充满信心地告诉大家，他们的文本是可信的、优秀的，他们代表着汉语新诗的活力与希望——这15本诗集，就是证据。

三

因为漠河是我国极北、酷寒之地，清代属宁古塔管辖，是历史上著名的流放之地，无论从地理意义上，还是从文化意义上，都是我们的远方，所以第32届“青春诗会”，选择在这里举办。我们想要告诉世人，在这片饱经风霜的大地上，当拜金主义横行、追名逐利日盛时，还有人在追求精神的唯美和诗意的栖居——这15位风华正茂的青年，就是证人。

《诗刊》社

2016年7月2日

目　录

第一辑　西梅朵合塘

第二辑 小小幸福及其他

第三辑 那些温暖的地名

第一辑

西梅朵合塘

旧家院

如果你在春天重回这里
那么你会发现
村庄变小了
院子变小了
身高比往事矮
水渠柳的茶几，一条溪水刚刚流过
湿漉漉的心里话适合在喝茶的时候聊
只有砖茶，配着推心置腹的醇厚

梨树长得粗壮
满树的梨花开成小小的仙女
麦田里站着稻草人
孤单的心跳
被春天含蜜的箭刺穿

重回迭部

父亲是我童年的一道拦河坝
在一次次大雨之后挡住了山洪
山洪过后，鹅在院子里戏水
母亲像一棵院子里的花椒树
我总是隔得老远就能嗅到她的气息

后来，我觉得院子变小台阶变低
台阶上水泥未干时有狼走过的狼爪印还在
我学着恋爱，以为爱一个人就是给他我的所有
包括时间，包括尊严，包括颤抖和痛经
再后来，我像是一只风筝
把地平线当做一根细线
放自己去飞

如今，父亲离世的眼睛仿佛高速路上的灯，总在前面亮着
母亲与我一起追忆父亲
追忆父亲正从远处走来
他的前面，羊群归圈，一只只羊鼓涨着臂摇摆着回了家

熊　胆

住在白石桥头的田胖子一家
桌上还摆着没有吃完的饭菜
那个夜晚
他们家的狗为什么没有咬

田胖子平日的笑容比糖块还甜
他的女儿
有一面水晶镜子
每天照着镜子梳长长的麻花辫子

田胖子的熊胆没有了
桌上的水晶镜子碎成两瓣
熊胆难道等于
田胖子和他老婆，还有女儿的命
有人放开了田胖子家的狗
哀嚎着的狗跑了，再没有回来

叔叔的爱情

粮站和卫生院
一个在这边坡上
一个在那边坡上

我家在卫生院
患小儿麻痹的叔叔给家里挑水
从这边坡下来
然后，走错路去了那边坡上

等他从那边坡上转下来
水剩了半桶
晃晃荡荡

空着的半只桶
趺趺撞撞的人生
叔叔恋爱了

粮站和卫生院
搬到一起
成了一家人

妇产科医生

铃子的妈妈是位妇产科医生
是与死亡较量的人
只能赢不能输的职业
骨骼移位，身体变形，撕裂的疼痛
血液和羊水沿地平线奔涌而出
太阳出世

生育是件奇异的事情
在大地深处酝酿
女人身体的秘密
遮挡在山谷背后

那天，铃子的妈妈把一个苹果送给我
她去哪儿了呢
我的苹果刚咬了一口
一只布谷煽动翅膀飞过一辆拉货的卡车
铃子的妈妈飞了起来
麦子还青着
我把苹果横切开
数着一、二、三、四、五颗星星

我把苹果核栽在院子里
快快长成一株苹果树吧
长出一、二、三、四、五颗星星
我和铃子数着星星就长大了

长大了的铃子当了妇产科医生

水运处

白龙江畔的水运处
专门运送木材
从上游放入整方的木材
像是投入邮筒的信
接下来就是等待

打捞的时间即使用秒表把握得再精准
总有一些木材捞不回来了
如同丢失的信件
与这个世界从此失去联系

骑车子的老孙头
还有开车的王守孝
他们都一头扎进白龙江
再也找不到河岸或者邮筒

白龙江时而安静时而汹涌
奇怪的是
江水从来不会迷路
夜再黑，森林再多
赤足流过
从不回头追问失去联系的缘由

青春期

屋外是医院家属院，家属院外是东一路街道，街道外是格河
屋里住着相亲相爱的一家人

格河边石头圆润
如同传世的宝石

格河对面是图书馆
小虽小却有着太多我没读过的书

我的阅读生涯我的品味它说了算
我们之间只隔了一条格河

我用汉字写下三面环山的句子
方圆百里，没有人知道我自以为满腹经纶

我给山重新起了名字
并在山下约会，牵手上山时月亮不在，少了浪漫初恋无味

每吃一次牛骨架我就长高一截
我的母亲又要多送一次饭到学校

曾经和我一起逃学的学长出了车祸
他的双卡录音机里依然唱着《外面的世界》

他的妻子带着儿子改了嫁
我无法将书翻回到序言

屋外是医院家属院，家属院外是东一路街道，街道外是格河
相亲相爱的一家人

波音747

从云朵之上下来
云朵波澜不惊

随身携带的电脑里存着我的《格桑梅朵》书稿
我青草过膝的故乡
有人把吃菜叫吃草

二十四节气一半停在寒露霜冻冬至
牛羊独自伫立，时间停止
牧人打着响亮的炮尕将黑夜赶进牲口圈

那么再告别一次
只有我，只有我一个人
独自起飞或降落

草原放大了辽阔
想象我如一捆青草
从故乡的牦牛背上卸了下来

离家出走的夜晚

我一个人来到街上
想要躲到月亮背后
等待寻找

我一个人来到街上
深夜不回家的人抡着打狗棒
夜晚的街道没有姓氏

我一个人来到街上
电影散场了，草虫回家了
一排流浪的路灯无家可归

我一个人来到街上
终将被月亮送回了家
没有责骂，一杯麦乳精安慰了我的低血糖

红土尕庄

红土尕庄夹杂着童年
被我写进文字——
读到这里
停下来重复再读一遍的人
注定是我失散的兄弟

红土尕庄
发掘过亿万年前的犀牛化石
巨大的狗鱼寿命暗暗生长
每天吃掉和自己体重相当的食物
偶尔袭击蛙、鼠或野鸭
并在某一天
突然变成化石

天空中飘浮着植物的绒毛
阴阳先生推演成了另外一件惊世骇俗的大事情
并且在暗中昭示着回家的方向
让离世过早的爷爷听见了红土尕庄的谶语

出　诊

曼巴——曼巴——
来找父亲的人
骑着马飞奔而至
药箱子上的红十字一闪一闪
曼巴父亲骑马走天涯

母亲种菜，养鸡，拉手风琴
养育我们
或者把我们锁在家里
也去出诊

不管有没有马骑
总是父亲先出诊，母亲后出诊
出诊的时间与病人有关
与白天和黑夜无关

父亲和母亲都出诊的时候
白天，我们兄妹三个站在桌子上哭
夜晚，我们兄妹三个抱着手电筒在被窝里哭
哭着哭着没有眼泪了
就长大了

木　匠

我们家买了很多木头做家具
给两个哥哥将来结婚用

一块块木头推出长长卷曲的刨花
露出漂亮的纹理
哗啦哗啦
仿佛要把所有的木头都推成刨花

我把自己埋进半房子的刨花
我要嫁给木匠
我要拥有一房子又一房子新鲜好闻的刨花

梨　树

一株梨树长在白龙江畔
春花夏果
馋急了的孩子偶尔会摘几只吃个闲嘴
鸟儿随意啄食几口
大部分梨子还在树上
直到长出黑斑
落在地下

没有人觉得可惜，仿佛果实就应该如此
下一年再开花结果
可是，这一年梨树没有开花
一朵也没有开

一只黑鸽子落在树上
长久地立着

老人说
鸽子上树了，要发大水了

那一年白龙江水一直涨进了屋子里
洪水落后，大片空地
人们在白龙江畔种下一大片梨树

抬眼就能看见的地方

我很小
院子里的水泥台阶高大
有一只狼
在未干透的水泥上踩下爪印

我从水泥台阶上摔下
摔落一颗牙，埋在树窝里
院子里有一株石榴，一株柿子，还有一株花椒
牙长了出来，院子里又种下一株树

我梳着小辫
走出院子
一只鸟巢，在树上抬眼就能看见的地方

风在往事间行走

风在往事间行走
风没有家

更长更远的
是父亲出门的路
星星挂在天边
孤单是挽着电线的铁塔
高高耸立
看不见海子
它们藏着草原的珍宝

父亲的盘缠
自己要收好

一只对称盘着羊角的羊头
挂在家里墙上
它是父亲带回来的
嘴巴紧闭的盘羊
如果还能再吃一把青草
就会说出这片草原的预言吗

白龙江像个大人物

一辆卡车
拉着一堆货，一群羊，车上还有几个人
开车的人睡着了吗
车一头撞进了白龙江

有一些人获救，伤势严重
有一货物捞了上来，七零八落
唯独车上一个小孩顺流游去
奇迹般地从下游上了岸

他回到家，湿着的衣服告诉了大家真相
他沉默着
他的手臂只擦破了些皮
他的身体里藏着这条河流

这个小孩从不提车祸
白龙江像个大人物
背着手
走过来
一言不发

雨天里的旧时光

小学校的手摇铃铛一遍遍地响起
听到铃铛响我才离开家

一只野鸡慌慌张张地飞
“砰” 的一声撞在电线上
野鸡掉下草坡
雨来了

草原晶莹的泪滴
如撒满草原的银币

麝　香

那个年龄
一粒恍恍惚惚的麝香
就让我的身体在香气里渐渐变得丰娆

前方摇摇晃晃的柴禾
那是走错了地方的鹿角
前方，河流浩荡

麋鹿隐匿于山林之间
只有绝望
才会扯破身体丢弃麝香

麝香绝望的香气弥漫
我们正是在那时
相遇

柿子柿子

母亲去了遥远的城市进修
我们每天上学
打了上课铃才出门
上课铃声落时就可以到教室

没有人和我们说话
没有人理我们的无理取闹
父亲沉默地给我们煮饭洗衣服
沉默地巴掌落在我们不听话的屁股上
再没人帮我们左遮右挡

人们惊叹我们长大了
没有人知道我们长大是因为成长的无趣

父亲说，母亲秋天回来
柿子柿子
秋天到了

二　哥

我们家有兄妹三人
两个哥哥，还有我
加上父亲和母亲
刚好一巴掌人

相亲相爱的一家人
多好
可是小时候我们总是在打架
打得鸡飞狗跳，然后就是不说话

二哥来找我
弯下第一节手指
你好
弯下第二节手指
你坏
弯下第三节手指
我们合好吧

二哥的手指像折扇
合拢的手掌像折扇
我的家，一巴掌人就是一把折扇

露 营

今晚，我用整张地图铺床
这一定是你的天下
你说除非月亮不在，除非天不再亮
你都会和我在一起

泉水和松涛通宵练习二声部合唱
奶茶可以润肺
星斗可以加冰糖
松鼠在树洞里整夜偷听我们说话
篝火着了整个夜晚

扎油沟是方形的床单
毛刺林遍地无主的蘑菇
清晨，一群嘎拉鸡用好听的藏语将我唤醒
月亮还在，天也亮了
你却不在我的身边

樱　桃

一颗樱桃和一颗樱桃相加
就是一树秋天
樱桃熟了，合作的秋天来了

这是手摇经轮的阿妈转经的院落
这是小格日写下30个藏文字母的院落
篱笆弯弯曲曲

公鸡用民族唱法打鸣
牛羊把街道当成草场
嗯，就在这时发生了一起车祸
小格日如田字格里的一个生字
汽车的轮胎碾压过他的身体
要把小格日修改成一个错字

高僧诵经
诵经的高僧给小格日吃了一枚樱桃
这个季节落叶繁多如《甘丹经》

小格日拍了X光片子，又拍了CT
透明的身体拍了又拍
拍片子的医生脸上面无表情

燕　麦

这是一群孩子
快乐地成长
燕麦粒是他们的眼睛
细细碎碎温婉可人

真想也生这么一群孩子
用我母亲的手
轻轻地抚摸他们
满怀幸福

狗尾巴草

高的是大芨草
矮的是小芨草
其实全叫狗尾巴草
狗尾巴草藏不住人
坏人藏在黑白电影的芦苇荡里
我们急得一跳一跳
电影演完了
我们急完了
再一路沿着茂盛的狗尾巴草
慢慢腾腾走回家去

篝火晚会

篝火点旺啊
柴堆堆高啊

锅庄跳起来了
像不像学校大操场上的广播体操比赛
没有人不会
没有人停止

一直悠然响着的藏歌
比我们谢顶的体育老师喊操的声音好听多了

走在通往天葬台的路上

汽车十几个小时
把我运到这里
就是为了让我听见这风声雨声和经幡飞舞的声音
空洞的人生
添满了再清空的人生

我孤独无依
学着用吐蕃文字写下一个又一个内心纪念的名字
空空
卸下的身体空空
天空空空

走在通往天葬台的路上
我被一只藏獒温柔地舔了舔

我在草原长大

我乘坐电梯上上下下
如果我嫁给了电梯工人
小小的铁房子我就可以当家
我的衣服是对襟的，裙子是丝绸的
我的鞋子是平底丁字牵带的
我的手腕戴着蜜腊和藏银
我的衣服有彩虹的颜色
我的冰箱里常年备着酥油
我从青稞地走来
手如麻绳一样粗糙长满厚茧的人
都是我的亲人
星星是我豁牙的儿子
一天天长大并佑护着我
我在蓬松的早晨
熬煮出厚重的奶茶
就着酥油糌粑
将我的土话译成书面语
再小的房子也是家
再小的房子我也挂上度母唐卡
爱情就是嬉笑怒骂

不说来龙去脉，终点和起点
望一眼满街的车水马龙
仿佛我新迁的草场

西梅朵合塘

天亮前许多纯净的事物正在变成天空的颜色
西梅朵合塘
花和鸟的梦乡

草丛深处的嘎拉鸟被惊醒
慌慌张张飞上天去
一书生偶然路过草原
看见花儿草儿
都是散落的绝句

措宁的春天

1

牦牛走来走去
阳光拉长背影将时间延长
是满天杨花柳絮的春天
是母亲和父亲相遇的春天

他们出诊，他们种菜，他们养育孩子和一院子的鸡鸭
狗兔
春天高远
整个空阔的草原归它所有
留下我
用木桶背水回家并记录下一条河水的走向

时间绕道，家人依稀在梦里
母亲拉开窗帘，铺平床铺，一个人生火买菜做饭
父亲睡了，在一只小小的匣子里
仿佛一枚果核

2

摇摇晃晃的风

摇摇晃晃的花

牧羊人在风中
把整个白天
赶进了羊肚子

夜，没有悬念地升起来了

夏季牧场

我是多么喜欢啊，可以跟你上山
可你总是寡言少语
整座山只有我和我说的话
开出了一朵又一朵打碗花

我在你的身后
包一块艳艳的头巾
坐在炊烟里
熬煮奶茶
等你回来

月亮缺氧
昏昏沉沉地爬上山梁
遥远的夏季牧场
星星是又一群等待放牧的牛羊吗

毛藏草原

1
包头巾的女子
正忙着把白昼翻晒成酸奶酪
她的额头
黝黑发亮，高过了这个正午

一群红嘴鸦起起落落
诵经的喇嘛已经定下了
收割青稞的良辰吉日
山坡上独自步行的一头系着彩绸的牦牛
并不知道
它已经逃脱了被宰杀的命运

2
羊肠小道笔画单调
岩石上书写有前世箴言
红衣喇嘛念诵超度经文
夏季辽阔

马匹在阳光下野合

草木生长
生灵繁衍
我记录下原本简简单单的事情
我种下青稞
并且，耐心等待着酿造成青稞酒

3
一头驴子
竖着耳朵逆光站立
一群蚂蚁
占领了一只蘑菇

羊草、大针茅、小叶锦鸡儿、紫花苜蓿、
芨芨草、冷蒿、歪头菜
牧草七雄的天空
云是高高飘扬的经幡

一匹马在奔跑中将尾巴甩成直线
晨曦如同喷射的牛乳
挤奶的姑娘手腕戴着彩色璎珞
名字叫卓玛还是央宗

勒

一个男人在清晨攀上山崖
用一支鹰的翎吹出长长的啸叫

太阳升起来了
男高音的太阳
在草原上升起来了

一匹匹马儿
奔跑出勒——
昨夜的花朵

归 去

转世的人被信众安放
通往灵塔的道路有三条
这个早晨，我们围着塔转了三圈
墙角堆积柴薪和时光

佛前供奉着八宝粥
善款可以微信转帐
佛经译成汉语再译成藏语
译来译去，密宗显宗佛像模样依然

灵塔在光的尽头
左面看看右面看看
佛塔里肉身佛长出了长长的指甲

格桑花开，溪水上涨
转经的人，迁徙的蜜蜂全是赶来这个春天
虔心朝圣

村　庄

石头墙，木板房
雕花玄窗，留住失眠的月光
一个手臂上带着水痘疤痕的孩子
边跑边吞下大把的宝塔糖

像是与白昼再次重逢
松塔绽开
松鼠把一颗一颗的想念
抱回了家

传　说

1
大经堂银光一闪
是大师贴在墙上的银币吗
大经堂金光一闪
喇嘛们用雪堆的煨桑塔就不见了
我在草原游走
看到石头上的白手印

2
我想把我的黑石头
和谁换成白石头
佛说
换了你还欠我岁月啊

拉卜楞大火

草原上黄花没开，蓝花没开
青草刚露出头
大夏河转过弯刚流走
就在这时
我听见了诵经声
并且看见了正在盛开的一朵大红花

大经堂着火时
众多喇嘛念起了避火经

巫

1
秘密的裂纹
与哲学无关
朴素的生活
龟甲开裂
朝向东方

怀揣秘密迎风行走的会是谁呢

2
春耕夏收婚丧嫁娶
巫占卜吉凶
坐西朝东的房子
阳光是第一位客人
鬼魅随黄昏将近
夕阳是最后的火焰
警告凶煞
不要靠近

3
山峦靠后

降妖除魔
持咒卜卦
手写体的藏文经书
让冰雹下在草原以外

桑烟弥漫
河流汹涌
沿河叩拜，念诵经文
白马立在
桑烟背后

唐　卡

一些喧闹的颜色堆积成静谧
穿越久远岁月的宗教卷轴画
首先要拒绝虫吃鼠咬

草原上盛开的狼毒花
每一块画布上胶之前
都要用狼毒花的茎煮出的水浸泡

这或许让我明白
最长久的生存状态
是不是就是要微微含毒呢

寺　院

1
云是最后飘扬的哈达
河水被秘密灌顶
满街风尘
白天与黑夜手握秘密
八思巴从蒙古骑马赶来

风铃叮铛
神的口谕
白塔如佛
盘膝打坐
一脸皱褶的老阿妈
背风诵念

2
寺院
戴一顶黄色鸡冠僧帽
坐在青草里
诵经迎接日出

我看到白龙江幼时的模样
公鸡啼叫
曙光送来又一天的牛奶

寺院清新
像是刚从露水里生长出来。

插箭的人在黎明之前赶往山顶
只一瞬就走出了我的视线
每一面白色崖壁
似乎都隐藏着一尊高耸的佛像

3

红衣僧人
宽大的长袍褶皱
流动
像是藏了一条大夏河

僧人在门口刷牙
如果用河水漱口
诵经声是不是更加清朗

一只鸟站在树上
加深了寺院的暮色
可否相信

红墙内的石头将变成今夜的星星

4

石头被刻上经文
嘛呢石码成一面长长的石经墙
好似一列火车的石经墙
伸入云朵，云朵白，白过白天

雨在墙后
诵经的鸟被雨打湿
鹰的信仰扶摇直上
翅膀在天空写下一行行经文

石头诵经
石经墙开满了大片的鲜花
叩长头的人
如同匆匆赶路的时针分针
他们，不问时间

5

转经筒旋转，这样的人生
重复而单调
我推动转经筒
像是要追上我的前世今生吗

青石板垒成
一座按六字真言排列的寺院
安静可以放大生命
石头醒来
蚂蚁没有声响
我独自走过回家的路

6

三罗喇嘛骑白牦牛而来
青海湖畔最神圣的白牦牛

雪山的白和湖水的碧等不等于冥想?
三罗喇嘛顿悟
在玛尼石堆和草原的一朵玫瑰花上
修建了寺院

7

安远城北边的寺院
八思巴经过时莲花开放
一时朝拜者众

乌鞘岭
诸神在风中行走
制造奇异

8

油坊三座
水磨七盘
九只雄鹰守护婴孩
僧人站在屋顶
高声诵经

寺院，一朵奇葩
盛开在大地的中央

九层阁

正午用来睡眠
用来诵经
用来讲述
一只麋鹿跑过九层阁
天空变阴

大门响时
经筒还转着
一个身体绿如青草的人
生来就是被供奉的

尕　海

1

我在尕海与你相遇
孤独得像落了单的鸟
黄昏沉静而泛黄，棕色、金色勾边
如烛火下祖母的脸，安宁，慈爱
可以容忍我所有的错

这时候遇到你
必然会爱上你
我的爱从来都是远离人群
孤单的爱
和被爱

2

玛尼石堆用石块计数
黑将军、白将军轮流值守草原
尕海茂盛的芦苇
体内有风追赶的纹路

一具风化的牦牛头骨

大大的眼眶盛着空洞和悲伤
碱草、针茅、苜蓿、冰草
这些草原植物像是另一群寡言的土著居民
月亮悬在天上
像是一小块等待融化的酥油

尕海旁长大的一个孩子出家当了僧人
他先于黎明叩拜于寺庙前
太阳如一只巨大的黄金转经筒
旋转，肩负着某种秘密的宗教仪轨

3

青草寂静，适合我的孤单
没有朝代更替，不知道三皇五帝
英雄策马走出传说
只相隔一朵云的距离

血液加速流淌
落日坠落
等待你的到来
我听得见自己心跳的声音

有一千个理由解释你的迟到
有一千个理由像黄昏那样爱你
就是为了拥入夜的怀抱

哪怕你只是打马经过
我也爱你马蹄掠过的每一株青草

4

早餐是牛奶酥油炒面
午餐是牛奶酥油炒面
晚餐是牛奶酥油炒面
再来几块手抓，再来几块红烧牦牛肉
尕海强壮

酥油茶馆
光线晕暗如同黄昏
醉酒的人当街叫骂，中气足得像是练声
太阳高悬，小城十字路口
只有我一个人在等信号灯变绿

5

高僧闭关
细细的彩砂绘成坛城
幸福需要屏住呼吸
不得高声喧哗

小小坛城住着佛和菩萨
幸福只是一个梦

藏獒守着羊群
我在梦醒的清晨开始又一天的生活

6

天苍苍野茫茫
依旧风吹草低见牛羊
一只只羊羔
一卷卷羊皮书

河水倒映天空
心中蝙蝠倒挂

如果归隐的人在羊皮上写字，笔画曲折
上卷是格萨尔王，下卷还是格萨尔王
对草原的热爱让我
知道，我的前世也许就是一朵名叫格桑的花

迭 部

迭部
神伸出大拇指摁出一小块山地

吐蕃戍边后裔繁衍生息
石头高低错落
有土的地方绣花般播下种子

暮色中
弯月如一柄锈蚀的残刀
插上山梁

苯教的佛

他的四周全是火
他由火中来

多么法力无边
胡子都是红红的火焰

一位掌管平安的神
他由火中来

舟曲大峪沟

舟曲大峪沟方圆几十公里
有群山环绕
宜种麦屯田

随便过来一个人都像是古代将军的后裔
衣钵传自诸葛
高处行走
泉水濯足

天道呈祥
庄稼生长
那么，你还想从秋风中收获什么

白石山

白石山在东
灕水其南
灕水溯城南，可通青海
枹罕在青海
孤孤单单又一座城

吐谷浑迁徙
白石山毡庐多如繁星
冗长的号角响起
没有风可以吹散

唃厮啰

洮州卫茶马互市
珍珠玉石乳香象牙马匹驮着
月亮被另外的马匹驮着
圆了又缺了

唃厮啰政权和北宋王朝互称兄弟
在古老的草原上
有风的十字路口
祈求和平者高贵如君王

唃厮啰，疆土白昼般生长

阿尼玛卿山

1
阿尼玛卿山
青草青青
遍地羊群
为什么青草眼泪汪汪

羊圈门“咯吱”一声关上
像说了声“扎西德勒”

2
初一诵经十五供灯
灯火长明燃灯佛慈祥
正月晒佛三月降神
神就在我们中间
六月祭山十月朝湖
桑烟升起
吹响大腿骨号
如同一个沉默寡言的人
忽然在喊谁

鹰在盘旋
它代表神的手势吗

3
阿尼玛卿山
白雪皑皑
那是白度母的脸庞
北斗七星升起来了
白度母的眼睛望着我

红衣喇嘛诵出一颗又一颗星星

4
牛角号鸣响
诵经声嘹亮

酥油撒上高高的柴堆
大火燃烧
舍粒子被秘密收藏

5
阿尼玛卿山
白牦牛产下了牛犊
每个白天都会有好运气

牛犊一天天长大
卓玛有多少根辫子啊
卓玛不要老

经幡飞舞
阿尼玛卿山摇摇晃晃
那是父亲在咳嗽

茨日那

回到茨日那
白龙江，如我的掌纹一样
无论走到哪里，攥紧
掌心里的温热是我的药

长长的白昼
是敬奉给神的哈达

茨日那，我回来是为了离开
茨日那，举起白海螺的僧人迎风吹奏
我睡在塌板房里
整夜等待神的降临
大门哐当作响

扎尕那

石头峭拔
眺望远方

落日又一次拥抱满山杜鹃
一个叫杜鹃的女子像是所有杜鹃的姐妹
她的歌声比扎尕那还高

扎尕那
凛冽的风好似身材高大的情人侧身走过
旷野空旷，安放想念
灌木纷繁的根伸入石头
苍凉而甜蜜

鸡鸣峰

北斗七星斗柄东
天下皆春
早起的公鸡
喔——喔——喔——
尉迟敬德红着脸当了门神
鸡鸣寺
朝阳像是宿醉刚醒修寺的工匠

北斗七星斗柄北
天下皆冬
早起的公鸡
喔——喔——喔——
风替菩萨裹紧袈裟
鸡鸣寺的僧人
个个都像松树

日月山

散发异香的公主
酥油涂面
蝴蝶和蜜蜂和十万亩油菜花
从此长安只是镜花水月

马灯晕黄
痛饮青稞酒的吐蕃人
秋风里磨刀
收割青稞

西藏短句

1

太阳制造黄金
我听到锻打金属的声音
铁匠益西平措家族
曾为松赞干布打制藏刀
拉萨河水冰冷
渐露锋芒

河水的波纹
与几近失传的折花刀工艺有关

2

公主的香囊盛放大粒麝香
拉萨，一座城池沾染着公主的气息
仰卧的罗刹女面呈极乐状
白羊驮土，修建寺院

吉祥天女
骑四只眼的骡子
在三界行走

雪山被穿上牦牛鼻环
公主站在高处
为藏獒的吠声指点方向

3
班旦拉姆
拉萨的护法神
神坛上供奉着她的威猛相和温和相
如同白天与黑夜
无时无刻都在我们中间

班旦拉姆骑光巡游街市
天空的一只黑鹰和地上的一只白山羊
和这又有什么关系呢

4
叩长头的人
用身体丈量着与佛的距离

梳长辫的桑吉卓玛
一颗硕大的月光石系在头顶
气味芬芳地走在八廓街上

谁能在这个时间为天空的蓝划定疆界

就可以为支配大地的权力和宗教
重新订立盟约

5
草木萌发，虫鸟孵化
夏日闭关
红衣喇嘛
怀抱一只燃灯节出生的黑猫
在佛前冥思

鳞次栉比的哲蚌寺
神居住的地方比夏日更为辽阔
一阵风雨
是不是空行度母途经这里

6
狮子护佑雪山
高声喧哗者将遭遇雪崩
贩卖盐茶的商队摘下响铃
念青唐古拉山藏匿着一本驱冰雹经书

莲花生大师手持骷髅杖念动的咒语
被吐蕃文字记录在桦树皮上

闪电穿越白天

有日光性眼炎患者
目不识丁

7
红墙金顶大佛舍利
微雨的背景
青石板路干净得让人想赤脚走路
佛堂里的护法神脚踩八条蟒蛇
继续微雨
这里曾经有许多流浪狗自由出入

大经堂里，一层层绸缎包裹的经书
有着落日的温暖
唐卡上的白度母七只眼
毗湿奴神项挂骷髅头项链
迎面走来的一位汉子裸着半条肩膀
像是刚从喜马拉雅山麓走出的珞巴族猎神

8
僧人米米泽哇
用浑厚的胸音高声呼喊——
“米米泽哇德庆坚热司”（观世音菩萨保佑平安）

长圆形堆绣幢高高悬挂
熙熙攘攘的神聚集屋顶

在清晨的点名中
默不作声

大地宛如一部摊开的经书
在雷声中顿悟的人成为巫师

9

马头明王
仿佛揣着满怀愤世
威立于炽热的烈焰中。

谢天谢地
并无旱灾、水患或任何自然灾害
咒语可以收起
黑暗是今夜的暴力
已经到来

10

启明星刚刚升起
沿着手掌纹路
诵经声漫过酥油灯盏
呼唤出一片喇嘛红的晨曦

莫朗青波大法会
铁棒喇嘛威风凛凛出门巡视

从东城到北城
直到钥匙和锁都恪守诺言
直到铁匠丹巴泽凌远离烧红的烙铁

11

细细的线条
是坛城若隐若现的脚手架
佛不在
工匠们在加班加点

再增几朵祥云
彩虹在八辐法轮的天空伫立
通往坛城的路
被风吹乱

头顶上
月亮是一块远古的米腊

12

珞巴族人
每猎杀一只大野兽
都要割下它的舌头
猎人分食之

南迦巴瓦峰被沉寂笼罩

神已安寝
多嘴的风雪
在神的门口大声聊天

珞巴猎人跳起了草裙舞
野兽头骨安放在屋檐之上

13
巫在这块土地定居
他的长袍上绘有无数眼睛
雅鲁藏布大峡谷
林木茂盛

一场灾难随风雪降临
这里遍布雷声
南迦巴瓦雪山如一群待宰的山羊
伸着雪白的脖颈

跳神的巫
头戴一只黑山羊面具

14
男人收获青稞
美酒顺流而下
蒿草恣肆

河谷欢快

牦牛隐入山间巨石
观音鲁格肖热浑身散发着檀木香气
在密林深处安静生长

15
山是神山
水是药水
鸟儿念诵经文

不用土石能盖房
不用种地能吃粮
不养牛能吃酥油

神山白玛岗
藏着一把金钥匙

16
黑色泥土住着神灵
白色石头住着神灵
每一株青稞也住着神灵

该收割了
撒上酒和糌粑

煨起桑来

有头的藏起头
有脚的缩起脚
不藏头不缩脚者
铁镰刀来割出个牦牛大的伤疤我不管

毛驴神圣
驮着看不见的神灵看得见的青稞一起回家去

17
噶玛政权制定英雄猛虎律和懦夫狐狸律
英雄和懦夫同时有章可循
反之亦然
一任解释的大地
由风雪、武士、石碑和昆虫组成吧
多如牛毛的人民
轻如尘埃

弓箭呼啸而过
仇恨是起起落落的布谷鸟不停鸣叫

18
历史如琥珀
封存着一只挣扎的昆虫

巫师用来占卜

掌管征兆与梦幻的神祇
住在经旗一侧

夕阳烧沸铜镬
在天空结盟者
围锅饕餮

山河壮美如一张鲜红的牡羊皮

19
岩石中的云母熠熠生辉
炕头燃烧着去年的旧火

连绵的山脉
若一群满身伤痕的牦牛
面对血红的晚霞
江孜古城
有着牧人晚归的威严与镇定

20
帕哇庄园
衣着华丽的主人站在照片中
光线太暗，阴影默不作声

一部年代久远的藏戏正在上演
房间里曾经生活过的人头戴面具应邀演出
一支镶银的人腿骨号发出尖啸
虎皮、唐卡、丝帛、柏木房梁毁于天火
这是一场意外

月亮挂在废墟的残垣上
一匹在烈火中走失的马
正在寻找马厩

21

把歌舞、牧畜、男人、女人和鞭麻草加入泥土
白居寺
白色垩土
在雷电前熠熠生辉

十万尊佛
自西方来
途经一座又一座慈悲的高坡
雨水流了下来

青稞按照女子模样的婆娑生长

22

龙女墨竹色青

住在白石头神庙里
为人治病预言吉凶

颈挂缀满鹰翎和铃铛的项圈
腰悬神弓彩箭
用雷电发出警告
给一株古柏定下寿数

走过墨竹工卡河谷
我记住了那些美丽的湖泊
缺氧和令人窒息的蓝

白昼的净水碗里供奉着雪狮的乳汁
望果节的青稞酒刚刚被一根手指触碰

23

羊卓雍湖畔
一大群天鹅刚刚北归
枯草中生长出金色寺庙
多吉帕姆
能从湖面看到幻景

今夜有活佛转世
湖水与呼吸相连通
交替起落

失眠的人辗转反侧
恒星反复校正罗盘

一尾高高跃起的裸鲤
尾巴朝向东南
月光冰凉
白色砗磲念珠
身体里有软体动物在缓慢生长

24

米拉山口，疾风吹拂
吹拂黄金琉璃中生长的寺院
吹拂苦行者的红色僧衣绿色身体
吹拂转山者龟裂的手掌
以及牦牛驮队的青铜项圈

巫师剖开公鸡的心肝占卜
“以神的名义说话”
边跳法舞边撞击手中的铁器
叮当作响

远处云朵
呈莲花开放

25

曜神在上

密宗法师背风修炼拙火定
冬天闭关
野兽在咒语声中沦为坐骑

太阳宣扬戒令
犯戒者似破罐
不得复全

26

鹰展开神谕
只有视力极好的人能够目睹只言片语
有人告诉我苦修的办法
以荨麻为食者可以褪除热病

鹰飞过的天空沾染了神性
证悟如夏季雅鲁藏布江水一样上涨
彩虹敞着门
鹰与光一起在高处消失

第二辑

小小幸福及其他

月亮峡

月亮不在家
山谷弯成月亮的形状
一列火车轰响着在隧道中奔跑
整座山跟着抖动身体

落叶想念树
而我开始想念你
河水浑浊而安静
如同我总是激烈地与你争吵
然后再和好
越远越爱你

脚下一只蜗牛正努力爬过一块白石头
回家
我明天坐火车回家
心怀一只蜗牛那样小小的幸福

教　堂

那一年我在恋爱
把手放在他的大口袋里
圣诞前夜，唱诗班的歌声飞出彩色的玻璃窗
我想对冰冷的十字架上的耶稣说
冬天很温暖

天使在吟唱
我学会了祈祷，并在结束前说阿门
钟塔收容鸽子
扶壁、管风琴、钢琴、圣像都有自己的家

那一年
一匹梦里长大的马
奔跑着穿过教堂的穹顶

清明的雨

雨落在伞上
雨落在地上
雨落在不打伞的人身上和脸上
父亲不打伞
雨很冷

父　亲

清明节前，买纸买花买蜡烛
儿子发烧，说胡话
他看到了什么？他透过玻璃看到了什么？

我已经变得习惯
生活就是惯性
儿子的幼儿园里一架白色的滑滑梯

我把一些事情遗忘在外面
如同我曾经有过一辆自行车
可是后来丢了，我甚至说不上什么时候不见了
记忆丢失在露水里，日渐生锈

儿子用彩笔画画
我们的生活，单线条，然后涂色
看上去很绚丽，父亲在画上
并不孤单

父亲的解剖学

父亲，这个擅长画画的年轻人
医学院的学生
他的解剖图画得恰到好处
顶骨、额骨、蝶骨、眶上嵴、眼眶、颞骨、鼻骨、泪骨、眶下孔、颧骨、犁骨、鼻脊柱、上颌骨、下颌骨、颏空、颈椎……
父亲知道太多人体器官骨骼的秘密
那是死亡教给他的哲学

梦想与时代一起夭折
人的身体还有更多的密码无从破解

父亲的解剖学老师死于感冒
父亲也是死于感冒
皆匆匆离世，没有逗留

卧龙岗

父亲关心我，每天吃什么忙什么
在我忙碌的时候
我分不出时间来爱你
可你说走就走了

我的眼泪催开了春天的梨花
父亲啊，你躺在哪一朵花的后面

我们为他挑选了墓地
现在父亲躺在那里
我们在他的墓地种下两株松树，低而矮
墓地前有阔大的广场，还有石子步道
我和母亲在广场合影
父亲的位置空着

大地凹陷如怀抱
我将新写的诗集烧了给他
风含着泪
翻来覆去地说着车轱辘话

睡吧，属龙的父亲

方园十公里

西关什字、木塔巷、省政府、井儿街、吴家园
方园十公里
都是父亲和母亲的天下

他们在这座城里散步
看电影吃生煎包子
与时代一起发烧
真理是喧嚣的
他们躲避着青春的演讲
沉默地散步
他们的爱情是这座城市的地理
他们的青春是一个时代略显荒芜的树木

接着往前走
走啊走
方园十公里
幸福就是这样
走来走去

舅　舅

1

舅舅
变成风
而风
并不是风

一整条穿城而过的黄河接纳
舅舅变轻的身体

你转向墙壁的脸
你变得冰凉的脸
你不哭也不笑

家里没有人知道
这个季节
黄瓜、土豆、西红柿
多少钱一斤

担子压进肩膀
你的疼痛比楼层低，从来不说

窗台一个鱼缸用布围着
里面是蛇
用来熬汤
这是个秘方，你心爱的双胞胎孙子没奶

您看见了吗
晨雾是缺了页码的账本，谁去收账？

2

我曾在木塔巷跳橡皮筋
起起伏伏的年代
被儿歌唱着唱着就过去了

豆沙冰棍4分钱
包在棉被里
极冷、极冷的冰棍
包在极暖极暖的棉被里
那甜在舌尖化开

舅舅给我买冰棍
我有一大把冰棍把子
这是另一种游戏
撒开，挑一根，另一根不能动
舅舅，你就是最下面的那根冰棍把，一抽
我的整个童年都动了

悼　念

那一年他三十岁
血流得匆忙
心脏疲倦
夜半，他打来电话
说梦见有人催促他，快点——
个子不高胳膊很细
满腹豪情壮志
兑换什么呢

香椿刚刚发芽
女儿丫丫刚学会叫爸爸
一缕青烟背后
走着跌跌撞撞的他

那一年，他才三十岁

花圈店

我那纸活生意
奶奶这样称呼她的花圈店

剪刀和铁丝伴随纸花开放
携温柔的色彩
一位女子的体温
在另一个春天重返人间

来这里的人面色凝重
偶尔有一位醉酒者脚步踉跄
进门就睡着了
纸花环绕身畔
死亡意外粘染了喜剧氛围

那时候奶奶还年轻

沙尘暴

我的爱，太过用力
扬起漫天浮尘

天气预报
继续浮尘，浮尘

春天，一张疲惫恍惚的脸
在远处开一树润湿的桃花

清扫车唱着歌
像是一位爱情乐观主义者

夜

总有一些美妙的时候值得纪念
总有一些沙子用来占卜
披发覆面的
夜来了

夜来了
披发覆面的
总有一些沙子用来占卜
总有一些美妙的时候值得纪念

仲　夏

天很热
我们曾经那么热烈
喝酒，微醺的时候我是盛开的
带着醉意的热烈
如同樱花，颤抖而繁盛
只是用力开放，早忘记了会早早凋零

现在，我知道了
酒还是要喝，少喝些
月亮冰凉
酒要少喝

高跟鞋

我多想要一双高跟鞋
因为我哥哥正谈恋爱，他的女朋友就穿一双高跟鞋
让我觉得高跟鞋就是美，就是长大
就是可以恋爱
魔咒一样的高跟鞋
穿着它可以
响亮地爱与被爱
横穿马路
他在，他在！

到了他家门口
上台阶时
我崴了脚，门在身后关着，没有人看见我的尴尬

写给Z

我是地道里的演唱者
一个人寻找共鸣，遇到的人越多越孤独

我当然希望结婚
与我最爱的麦克风和吉它

我的爱越来越旧
麦克风哑了吉它上的蟒蛇皮裂了

我要歌唱着告诉谁我的体内有了孩子，黄豆大小的孩子
我给他取名叫黄豆芽儿

低垂的遮光窗帘
总是夜晚

现实如白炽灯刺眼
换一盏，你的脸是暖光灯的柔和

我学着一直缩小，和黄豆芽儿一起
安睡

预　言

在黄河边行走
一低头看到自己的倒影
却并不会被淹没

开始了就继续向前
生活是辆夜火车
大地被切开，又在身后合拢

那一次，正好路过秦州大地
铁轨划下乾卦，是开始也是结束
火车到站，他下车，上了另一列火车

耶稣在教堂的十字架上
是比我痛的导师，一面痛一面算题
要痛过了复活节，才告诉我
从此，我们之间的距离，不是同一速度，要以相对速度计算

写 信

用微信写信
这是连接我们的唯一通道
字如一尾尾鱼
有牙的鳜鱼
用小小的细碎的牙齿咬我

你居住的城市
四季如春
而我的窗外正落着雪
雪，白了我们之间的几千里河山

那么多有牙的鳜鱼
用小小的细碎的牙齿咬我
你感到疼了吗

爱 你

如果我只能用半个身体爱你
那么我选左侧
用我左面的心脏，所有的心房和心室都装满你
血液涌上我的全身之前都要温习你的名字
把你关闭在我的心脏里爱
牢记，要牢记我

用我左面的肺，想你想到呼吸困难快要窒息
高原缺氧，脸上有红二团的爱情
用我左面的骨骼，它们支撑着我全部的信念
把每一次都当成最后一次
完全忘记我自己
用我左面的手臂
如果你不来临
我永远想不起拥抱

我用我的右侧生活
我忘记我的左侧，每日粗茶淡饭
只要活着就行，如果你不来临
我将忘记我的左侧

只有一只手臂也够用了

现在我要紧紧拥抱你
抚摸你辽阔的前额
亲吻你低沉的嗓音
并与你做爱

左面加右面的身体
快活成一条鱼
鳞片一片一片剥落
我还是要爱你
我凄苦的一分为二的身体
用我没有装饰的身体和全部的痛拼命爱你
我用半个身体爱你
我只能用左面爱你

此　刻

此刻你在长大
我看着你
看你读一句完整的诗

我守护着你
守护的时间就是幸福
沙漏一样的幸福
说溜走就溜走了

这世界对我们来说好极了
太阳在你的身体里长成了血液、肌肉
还有骨骼，桌上的橘子核，变回橘子
你天天洗头，长大了，爱上和你一样灿烂的人

我安静地在拐角处
远离这一事件的发生
我修复旧家具
并用余下的时间学习考古

家

墙上有暗花
琉璃灯盏亮着
寂寞的夜晚
密码是我的生日
输进去让我忘记你

洗濯我的双手
抚摸你
沾染你的气息

你长长的手指不沾烟火
作诗作画弹琴的手
有一根弦
在我身体里

春天的爱情

绿已深了

爱人很遥远
情感和肉体
一样难以抵达

起风了
一颗小小的砂粒
迷了我的眼

谁在悼念
一场让绿离开春天的爱情

小酒馆

羊皮灯盏
雕花昏黄
竹帘子斜斜地挂着

大大的酒缸
暖心暖肺
我想把酒缸搂在怀里
如同搂着心爱的人

醉怎样
不醉怎样
不醉只能看见酒缸
醉了就能看见心爱的人了

梦见你

梦见你
很家常地聊天、散步
没什么特别
其实这就是我所有的期待
没有别人
只有我们俩个

读书、洗衣裳、煮饭、饭后开门窗通风、一面嚼口香
糖一面泡茶
我们同出同进
提着牛奶或是买了菜
我们一同生活
没有要打招呼的邻居
你的面庞清晰
清晰得如同醒来

醒来只有我自己

黑　夜

1
黑夜隔开星星
你渐渐清晰的脸庞
温情

黑夜适宜减法
除去衣衫卸去浓妆
剩下身体的诗歌

黑夜
是对我的奖赏

2
北斗七星，七盏羊皮灯笼
天空故事太多
又有几盏灯笼亮了起来

夜让我变得富足
月亮，此时你归我所有
黑暗隔开星星

你光芒四射的脸庞
温暖

青草长高
一匹瘦骨嶙峋的骆驼
认真吃草，幸福反刍
风是旧的，也是新的
一只蜥蜴奔跑在回家的沙梁上

海

我不爱海
海是别人的风景

如同我不后悔爱你
波涛为我拍打着海岸

我被海浪拥抱
弯腰行礼
降低自己是为了让你更加高大
但这不会让我更矮

海水咸如眼泪
我就这样爱你
好似昨日的月光
叹息是长长的破折号

破折号的另一端——
如同你刚刚拐过街角正跑过来

快 递

如果我不呼唤你的名字
那一定是你的损失

空着的半张床
是我在梦里腾出的地方
我喜欢在你的身体里起床或者躺下

今天，我是一件邮政包裹
快递给你
寄出和等待是我唯一能做的
你一定要快乐
我会将自己一次次快递给你

小　院

太阳火热
井水冰凉
包谷码成一堵黄金墙
四季分享

在这里安家
一面土炕，一眼锅灶
我烧水煮饭
在烟火中等你
让岁月爬上额头
红柳花攀上院墙
羊叫声亲热得像喊爹娘

月亮升起
我也没能说出
那句明晃晃的话

农家菜馆

豆角一盘
包谷两段
菜瓜就着清风
蛋花汤里掺进月光
羊在门外啃着瓜皮
自己把自己当作了宠物
不见荤腥的大地多么干净
我想当你的宠物
每日粗茶淡饭
星星每眨一下眼睛
都关乎风月
关乎我们天长地久的爱情

月　亮

天上的月亮在井里
我的月亮在身体里
千万别在晚上来我的井里打水
会搅碎了我的月亮

独　处

我已经决心，留在这里
任草木葳蕤
按时吃饭，定量阅读
关闭微信，不关心你的行踪
独自一人奔跑
不期待与你长相厮守
也不再因你时喜时悲

只是常常在深夜惊醒，梦见河水漫涨
披衣坐起，久不能眠
恍惚间你就在我的身旁
你为什么不在我的身旁

童　话

一棵树
喜欢上另一棵树
是并不意外的幸福

出　行

坐上火车
你是我唯一的目的地
每一根铁轨都是琴弦
震颤着奏响

我用骨骼爱你
用加速的血液爱你
富氧的空气
每次见到你，我都会呼吸困难

但愿我可以用炙热的双唇
表达欢喜
我斋戒沐浴远离荤腥
以便见到你时可以吐气如兰
我瘦细了的柳腰柔弱
你是春天

火车啊，请快快奔跑
诗啊，就要回到热里
心啊，地底的煤
掘出地面，就是一团明火

火 车

夜深了
铁轨哐当哐当
心跳加速
我正一节一节远离你
却听得到你的心跳

不管火车跑多远，世界拐个弯
又重回你的环抱
你辽阔的臂弯
沿着地平线伸展

黑脸火车司机是我的亲人
火车快跑
心跳越快才知道有多爱你
哐当哐当爱你

重　逢

我们重逢
柳树绽开，包裹着疼
我们淡然相对
可是，花就要开了

黄河落日
长笛吹出
一脸疙瘩的青春

路长一点
走过青春的路
再长一点

月亮弯着腰
像一只怯生生的小猫
没有名字
在前面拐弯处等着

途经甘谷

途经甘谷
想起多年前来过这里
大像山下
暗恋我的男孩目光甜蜜
为我买了一罐可口可乐
他没有注意罐底标注已经过期

山下道士为我算命
他说的什么我早已经忘记
这么多年我遇到很多好事
也遇到很多坏事
好事坏事一一随风飘去

途经宝成铁路事故段

死亡是张开翅膀的鹰
在头顶盘旋
一列油罐火车曾因地震埋进隧道内
那天傍晚，天边的云朵
被爆炸的火焰烧红

雨下了一夜，今天早晨
我途经宝成铁路事故段时
头顶的太阳又圆又白
像是一粒止痛片

望江南

你在北方
今日天气预报零下六度，大风降温
你总是安静的
你的侧影，在晨曦中显得比落光了叶子的老榆树镇定

我离开你去了南方
向梧桐深处行走
我穿着窄窄的裙子
走出一条直线
夜晚是黑色的酒曲
在我的身体里
酿酒
在江南柔弱的风里
想起你就有微醺的醉意

此时，正值一塘荷叶半塘枯

乌衣巷

一株皂角树
长在水旁
青石板发白
野草开花
斜出的草木挡住去路
不打算追寻琅琊王氏、陈郡谢氏世家大族的痕迹
白昼是用不完的宣纸
乌云如墨迹，轻重疾徐浓淡相宜
燕子是另一点墨迹，围绕着朱雀桥涂来抹去
我只关心晚饭要不要吃毛鱼烧豆腐、炒山芋藤

静止不动的月亮
比石桥更清冷
在这个清早
请应允
来你体内汲水的人

长干行

赭白青黄的石墙
随巷子逶迤
任一曲《流水》
向你流去

杨树成荫
长干里那条长廊
水波般荡漾
比云朵美
墙壁、栏干、亭台皆是文人的闲笔

你不在这里
你自在而立，美如极致
流水拐弯处
你恍然还是孩童时的样子

燕子矶

燕子燕子
没有燕子飞起
天空都是空白

我逆流而上
每年樱桃红时
我就是赶来赴约的鲥鱼

我还能做什么
环抱我的江水也环抱着你
唯有你
是我唯一的目的地

鱼朝向刀子的宿命

蝶恋花

古词牌中
雕花轩窗里
有谁正在走过

以花朵命名
在舌尖酿成蜜

蝶——恋——花
蝶——恋——花
一只蝴蝶停了下来

忆秦蛾

十里苏堤
飞鸟如信

我们错过了杨柳、晓风、残月
接下来，还会错过今生的幸福吗？

回望苏堤
不是谁都可以风花雪月
此刻，我在水上写下这一阕词赋
寄给你
忆秦娥

青门引

我爱这里
只是因为你曾经来过
坐过这张椅子吗

雷雨手术般
切入心跳
我与你一同押韵，可以吗

眼儿媚

一个逗号般的小女孩
在门前的街上
躲雨

微雨蒙蒙
一家家小店如夹竹桃繁盛

想说，我想你
雨已经替你如约而至
淋湿了我
和一条古街
街口的石狮子嘴唇湿漉漉的
像是被谁亲吻过的样子

西湖月

西湖画轴徐徐展开
山水很美，因为我的到来
又重新绘过
你不在画中
所有的人都驻足等候
月亮升起

亭台楼阁多费笔墨
我一次次用雨点皴一样的睡眠想你
如同画中的
留白

第三辑

那些温暖的地名

木塔巷

我经过这条巷子是一个月前
再往前，我也有可能走进它
比如，唐代，有人从这里走进木塔巷

随便一块石头
另一块也是
是一千三百年前的高昌国国王鞠文泰看见的，他途经这里上书皇上
修建了木塔寺

高大的寺里
有悠扬的钟声
一只小猫偷吃悬挂的鱼
一位老人弯腰系紧自己的鞋带

旁边一个小院子里的公共厕所——
对不起，太臭了还有不少白色的蛆虫
拉粪车经过很久都散不了味儿
空空的厕所里，一个小男孩忽然把他的生殖器贴在我的下身

小院子里这个男孩被他家当女孩养
舅舅养了一只大公鸡总是叼人
当女孩养的男孩把舅舅修自行车时的螺丝丢进下水井
大公鸡追着他满院子叼

院子里有一架葡萄
长得繁盛，吃了葡萄的人
说话比蜜甜

贡元巷

青石板路，巷口早早亮着灯
我是专门为你而矗立的指示牌
内心的箭头，引导你走进巷子

我斋戒，着素色衣服
不吃肉饮酒，春风让我沉醉
我跳舞，在贡元巷一所舞蹈学校
镜子面前
我的身体如大海起伏

这里曾经生活过一位贡元
读万卷书，千里迢迢进京
此刻，如果这位曾经的贡元抖抖尘土从某一本书中走出来
我应该和他握手还是作揖

华林山

我该怎么说华林山
没有暖气的短楼，屠宰场、大大小小的食品加工厂、
烈士陵园和火葬厂
那是我失去了亲人的地方
我为父亲挑选了船形的骨灰匣子，乐队隆重
小号尖叫，鼓声厚重说走吧走吧
我写下纪念兰州解放六十五周年的朗诵诗
烈士陵园里一群人被另一群人纪念和唤醒
朗诵的少年嗓音清透如清晨，没有烟尘也没有感伤

有一个在华林山长大的朋友
她儿时，母亲失踪，找到时她也已是母亲
她当木匠的父亲把愤怒刨成木屑
弟弟吸毒
黑夜和白天交替到来
悲伤想和欢乐换班，母亲不肯回家
几根巨大的烟囱肃立，北方可怕的鼻孔张开
她怀孕早婚，穿着婚纱坐摩托车
发疯般冲下山坡，离开了华林山

山字石

一块块巨石叠成假山
小脚姨太太在后花园，散不散步都是她的后花园
大水车提灌黄河水，山字石的春天来了

兰州解放，父亲4岁，时住山字石
一颗流弹射入墙壁
棉袄堵着窗户，如一个巨大的伤口
枪声停，解放军进城了

一座假山
隔断了人物和时光
父亲踢球，患低血糖
我每天途经糕饼铺子的香味
教堂送圣经，红绿灯变换
汽车穿梭，没完没了

一条穿城而过的河流，把我的记忆带到了下游

曹家厅

许多偷来的自行车在这里出售
一大群鸽子，飞来飞去
蓝天依旧，换了主人

我第一次感到痛苦的丢失
这里，一辆辆自行车都似曾相识
人人都像嫌疑犯
曹家厅在高楼的阴影里，像是一个无人敢惹的高大彪悍的盗贼

金城关

拱北，清真寺定时响起念诵古兰经的声音
砖雕肃穆
牛羊进城
谁最先与刀子相遇
大地疼痛
阿訇留着长长的白胡子，宰杀是一种特有的权力

刀子清洗生命
拱北一座座棺木
只剩下一个地名：金城关

三台阁

高处可挂走马灯
灯走马不停
高倍望远镜
看烟火味道，热闹非凡

高处可乘凉
凉入骨的窖水
可饮可煮饭可浇一畦菜地几株杏树
隐士画画，一地鸡娃

低处往高处
信佛读经普照寺佛光普照
高处往低处
只是凡人尘世

伏龙坪

我租住在伏龙坪上的一间平房
报纸糊墙
传说坪下压着一条妖龙
坪上百姓生活

高处的伏龙坪
我用1个小时爬山回家
8个小时上班，再用8个小时到一家酒店打工

酒店玻璃门旋转
时间跟着旋转
18岁的迎宾有着28岁女子的风尘
我一个月就历经沧桑

坪上种着娑罗树，树身裹着毯子
七个叶片七种人生
现在谈谈你吧，坪上的邻居
那时我已经知道命运

你说直肠癌加运动加练字加读书

已经有了5年时间
病痛、夜晚和沸腾的炎热一同到来
你欧体字一样清秀的脸庞

你总是等我，在门口坐着，再晚也等，石头一样安静
周末和你一起爬山，一人吃一根半油条
再喝一大碗甜甜的豆浆
你走了我才明白，什么是平淡如水的生活

土门墩

苏非哈木则从西域来到这里
随身带有手抄的《古兰经》

生活在土门墩的人
据说他们中有人会说阿拉伯语和波斯语
清真寺按时响起诵经声

非现实的身体与现实同居，你常常出入的酒吧有同性恋汇聚
你说，蚯蚓和蜗牛雌雄同体，多好！
欲望和身体是门学问

诵经声让岁月安静，你居住在土门墩

双城门

兰州城北靠黄河
故无北门，城西南角开两道城门
古时为行刑之所
月亮惊悚

群山高耸，云的乳房柔软
家住城门里头，途经两道城门
士兵守卫清风守卫月亮守卫自己
和荒山互为衙役

按照内心的尺度度量
辽阔无边的天空中升起一颗恒星
醉酒、唱花儿、摆渡过活，青鸟殷勤探看

我写下：这是吾的双城门

火车站

我们的家在火车站旁边
火车的奔跑让日子快了起来
黄河水提灌，皋兰山长满树木
郁郁葱葱的生活，左手和右手博弈

火车拉着日子奔跑
我们拥有共同的眼睛
并共用同一个心跳的频率
我们的生活里放置一面镜子
当我向你伸出左手时，你就向我伸出你的右手
我们没有钻石
用不着用它切割我们之间的隔阂

所有的绿色都在大地怀里起伏
除了拥抱我什么都不要
低矮的窗户是窥视的眼睛
非典也挡不住
你遮着口罩吻我

凌晨六点，念诵古兰经的声音与鸽子一同准时起飞

我们也又一次一同起飞
我身体里的地雷等你引爆
而你完好无损
我们有了自己的房子和钥匙
我愿意把你的名字刻在门上
擦亮你的皮鞋
打理你的生活
并在名字前贯上你的姓，叫某王琰

我伸出手、手臂、身体和整个的我
它们坚实而健康，如一张大面额的存单
我轻而孤单
我把它们全部交给你
你就是我的银行

降息、降准、融断、股灾
非法集资让迟到的雨也变得可悲
火车快跑
我已经过了中年

正宁路

一条马路夜市
夜晚当作白天
钟表从12点重新旋转一周
周一、周二、周三……
四月、五月、六月……

烤鱼烤肉凉面杂割，食客拥挤
真的假的马爷都在热热闹闹卖醪糟
有胡子和没胡子的马爷
戴白帽子的小兄弟亲人一样招呼
亮晃晃的灯和星星

有位同事家住正宁路
下夜班凌晨送她回家
结束之后的破败，臭豆腐的气息与垃圾弥漫，老鼠觅食
如同化妆和不化妆的女人，两张脸
太阳摆正面孔上好发条，该它出场了